Führer zu schleswig-holsteinischen Museen
Band 2

Bismarck-Museum Friedrichsruh

von Ingeborg Köpke

KARL WACHHOLTZ VERLAG NEUMÜNSTER

Führer zu schleswig-holsteinischen Museen   Band 2

Herausgeber: Der Landes-Museumsdirektor
 Schloß Gottorf, 2380 Schleswig
Redaktion: Dr. Helmut Sydow
 Dr. Andreas Fahl
Fotos: foto-carstensen, Hamburg 80
Titelbild: Porträt Fürst Otto von Bismarck,
 Gemälde von Franz von Lenbach, 1889

Alle Rechte, auch des auszugsweisen Nachdrucks, der photomechanischen Wiedergabe und Übersetzung, vorbehalten
Karl Wachholtz Verlag, Neumünster
3., unveränderte Auflage 1989

ISBN 3 529 02951 3

Einführung

Das Bismarck-Museum befindet sich im historischen Friedrichsruh, im Sachsenwald. Zum Andenken an den Gründer des Deutschen Reiches entstand im „Alten Landhaus" eine würdige Stätte, die das Wirken des großen Staatsmannes wie auch vieles aus dem privaten Leben des Menschen Otto von Bismarck lebendig werden läßt.
Nach der Reichsgründung 1871 wurde der Sachsenwald dem Fürsten als Dotation übereignet. Die Liebe zur Natur, den Buchen und Eichen des Waldes, war Anlaß für ihn, seinen Wohnsitz nach Friedrichsruh zu verlegen und dort auch den Lebensabend im Kreise seiner Familie zu verbringen.
Ein Luftangriff am 29. April 1945 zerstörte das alte Schloß völlig. Es ist das Verdienst der Fürstin Ann Mari und des Fürsten Otto von Bismarck, Enkel des Kanzlers, daß unmittelbar nach dem Kriege nicht nur ein neuer Wohnsitz für die Familie an gleicher Stelle in Friedrichsruh entstand, sondern daß darüber hinaus alle geretteten historischen Gegenstände einschließlich der seinerzeit im Marstall ausgestellten Exponate im neu geschaffenen Museum seit 1951 der Öffentlichkeit zugänglich gemacht wurden.
Fürstin Ann Mari von Bismarck ist heute Eigentümerin und Schirmherrin des Museums.
Vielfältigkeit, Bedeutung und Wert der einzelnen Stücke überraschen den Besucher und lassen für jeden auf seine Weise einen Rundgang durch die hellen und lichten Räume zum Erlebnis werden.
Dabei soll ihm der Museumsführer Begleiter und Anregung zugleich sein. Er beschreibt die Präsentation in der Abfolge der einzelnen Räume und Vitrinen. Nicht alle Exponate werden angesprochen, bevorzugt solche, die die Politik jener Zeit, den Zeitgeist und die persönlichen Lebensumstände Bismarcks veranschaulichen.

Rundgang durch die Sammlung

Eingangsraum

Über dem Durchgang im Vorraum des Museums begrüßt der Wappenschild der Familie Bismarck den Besucher. Die Wappenzeichen, drei silberne Eichenblätter und drei goldene Kleeblätter auf blauem Grund, symbolisieren den Wappenspruch: „In Trinitate robur" – In der Dreieinigkeit (Kleeblatt) liegt die Kraft (Eichenblatt). Flankiert ist der Wappenschild von den Köpfen zweier Wildschweine, die im Sachsenwald erlegt wurden.
Den Vorraum beherrscht die übergroße Standuhr aus der Halle des alten Schlosses. Sie ist eine der berühmten Beckerschen Uhren aus Freiburg in Schlesien. Das Nußbaumgehäuse wurde von der Meisterklasse der Schnitzer-Lehranstalt Bad Warmbrunn angefertigt. Die wichtigsten Lebensdaten und -stationen des Fürsten Bismarck sind chronologisch eingearbeitet. Die Standuhr war ein Geschenk der Firma Becker zum 70. Geburtstag des Kanzlers am 1. April 1885.

Raum 1

In diesem Raum befinden sich Bilder, die Bismarck in verschiedenen Lebensjahren und Epochen der deutschen Geschichte zeigen. Hervorgehoben sei die Fotografie von A. Bockmann aus Straßburg vom 14. Juni 1886: Fürst Bismarck im Park zu Friedrichsruh mit seinen beiden Doggen.

Vitrine 1: Die ausgelegten Briefe und Urkunden bezeichnen bedeutsame Ereignisse und Abschnitte in Bismarcks Leben.
Dabei befindet sich ein Brief König Wilhelms I. vom 15. September 1865, betreffend die Erhebung Bismarcks in den Grafenstand als Anerkennung seiner Verdienste um den Abschluß des Vertrages von Gastein.
In der Mitte der Vitrine liegt das Fürsten-Diplom vom 21. März 1871. Mit dieser Urkunde wurde Bismarck durch Kaiser Wilhelm I. in den Fürstenstand erhoben und erhielt den Sachsenwald als Dotation übereignet.

Bismarck-Museum Friedrichsruh (Foto R. Hennig)

Abb. 1: Die Beckersche Standuhr

Von besonderem Interesse ist auch die Urkunde über Bismarcks Entlassung aus dem Staatsdienst vom 20. März 1890. Kaiser Wilhelm II. verlieh ihm damit gleichzeitig die Würde eines Herzogs von Lauenburg und übersandte als Abschiedsgeschenk ein lebensgroßes Kaiserbild.

Links vom Durchgang: Ehrengeschenk der Deutschen in San Francisco für den Fürsten Bismarck zum 80. Geburtstag am 1. April 1895. Das Behältnis für Ansichten von San Francisco und dem kalifornischen Nationalpark ist aus der Scheibe eines Mammutbaumes des Yosemiteparks angefertigt.

An den Wänden sind Kreideskizzen von Franz von Lenbach zu sehen, die Bismarck in der Uniform der Magdeburger Kürassiere zeigen, sowie ein Ölbild „Bismarck zu Pferde" desselben Künstlers aus dem Jahre 1885. Franz von Lenbach (1836–1904) war einer der populärsten Gesellschafts-Maler der Wilhelminischen Zeit. Er lebte in München, war aber oft Gast im Hause Bismarck und hat den Fürsten etwa achtzigmal auf Zeichnungen und Gemälden porträtiert. Das Lenbachbild über dem Türdurchgang zeigt Professor Schwenninger, den Leibarzt des Kanzlers (1850–1924). Er

Abb. 2: Fürsten-Diplom, 1871

Abb. 3: Fürstin Johanna von Bismarck, Gemälde von Jakob Becker, 1857

Abb. 4: Fürst Otto von Bismarck, Gemälde von Jakob Becker, 1855

übernahm 1883 die Behandlung des damals schwerkranken Kanzlers und betreute ihn bis zu seinem Tode 1898 in Friedrichruh.

Vitrine 2 zeigt Fotografien aus den verschiedensten Lebensabschnitten Bismarcks, dabei eine Daguerreotypie, Berlin 1848.

Raum 2

Hier sind Ehrenbürgerbriefe verschiedener Städte und Gemeinden sowie Gratulations-Adressen ausgelegt. 450 deutsche Städte ernannten den Fürsten Bismarck zu ihrem Ehrenbürger. Die Gesamtzahl der Glückwunsch-Schreiben konnte nie festgestellt werden, allein zum 80. Geburtstag 1895 kamen rund eine halbe Million. Wie die Exponate zeigen, ging die Verehrung Bismarcks von allen Schichten der Bevölkerung aus. Die Motive waren unterschiedlich: Bewunderung des Menschen und der Persönlichkeit, Respekt vor der Leistung Bismarcks, voran dem Werk der Reichsgründung. Bewundert werden Eigenschaften, Fähigkeiten und Leistungen zuweilen auch aus kritischer Distanz von Gegnern im In- und Ausland. Überströmende Dankbarkeit aber gilt dem Überwinder der deutschen Zwietracht zwischen Nord und Süd.

Abb. 5: Glückwunschadresse der Stadt Leipzig, 1885

Fensterfront: Original-Seite aus dem „Punch" mit der Karikatur von Sir John Teniel auf Bismarcks Entlassung aus dem Staatsdienst vom März 1890, benannt: „Dropping the Pilot" – der Lotse geht von Bord.
Im Ausland wurde die politische Bedeutung von Bismarcks Entlassung allgemein stärker erkannt als in Deutschland. Man fürchtete um den Frieden in Europa, den das Bismarcksche Bündnissystem gewährleistet hatte, man spürte, daß an die Stelle seiner klaren und doch flexiblen Außenpolitik eine eher den Stimmungen und Einflüssen des Augenblicks unterworfene Politik Kaiser Wilhelms II. treten würde.
Silberner Ehrenschild, Geschenk des „Bundes der Landwirte" zu Bismarcks 80. Geburtstag am 1. April 1895 (s. Farbtaf. n. S. 36).
Eine 130köpfige Delegation überbrachte ihn als „Symbol der Treue und Standhaftigkeit". Man ehrte Bismarck als Förderer und Beschützer der Landwirtschaft, deren Interessen er stets wahrte. Der silberne Schild zeigt in der Mitte das fürstliche Wappen sowie einen Großgrundbesitzer und einen Bauern, die sich symbolisch die Hände reichen. Aussprüche des Kanzlers über die Landwirtschaft umrahmen die Mitte, ein Kranz aus den Wappen deutscher Länder bildet den äußeren Abschluß.

DROPPING THE PILOT.

Abb. 6: „Der Lotse geht von Bord", Punch 1890

Abb. 7: Eröffnung des Reichstages 1888; Gemälde von Anton von Werner, 1893

Linke Wandseite: „Die Eröffnung des Reichstages durch Kaiser Wilhelm II. am 25. Juni 1888", fotografische Reproduktion eines Gemäldes Anton von Werners. Das Bild ist ein Geschenk des Künstlers zu Bismarcks 80. Geburtstag. Es zeigt Kaiser Wilhelm II. bei seiner ersten Thronrede vor dem Reichstag. Ein darunterliegendes Tableau gibt Auskunft über die abgebildeten Personen.
Rechts: „Berliner Kongreß 1878", fotografische Reproduktion eines Gemäldes von Anton von Werner, 1881. Der Berliner Kongreß tagte unter Bismarcks Vorsitz vom 13. Juni bis zum 13. Juli 1878 im Reichskanzlerpalais zwecks Beilegung der aus dem russisch-türkischen Krieg entstandenen Orientkrise. Die teilnehmenden Mächte waren Deutschland, England, Frankreich, Italien, Österreich, Rußland und die Türkei.
Bismarck verstand sich als „ehrlicher Makler" zwischen den Staaten. Als Abschluß des Kongresses wurde der „Berliner Frieden" unterzeichnet. Der Vertrag förderte die Unabhängigkeits-Bestrebungen der Balkanländer – Rumänien, Serbien und Montenegro wurden souverän – und verhinderte das Übergewicht einer einzelnen europäischen Großmacht in diesem Raum.

Rechte Wandseite: „Der Todesritt von Mars la Tour" am 16. August 1870, Gemälde von Emil Hünten, 1878. Das Bild zeigt die Kavallerie-Attacke des 1. Garde-Dragoner-Regiments in einer für den Deutsch-Französischen Krieg entscheidenden Schlacht. Es wurde für den Fürsten Bismarck gemalt, herausgestellt sind seine

Abb. 8: Der Berliner Kongreß 1878; Gemälde von Anton von Werner, 1881

beiden Söhne, die an der Attacke teilnahmen. Wilhelm von Bismarck ist mit erhobenem Säbel im Vordergrund links zu sehen, sein Bruder Herbert hinter dem Regimentskommandeur Oberst von Auerswald in der Mitte des Bildes. Beide Söhne des Fürsten wurden schwer verwundet und zunächst als gefallen gemeldet, nach der Schlacht jedoch vom Vater im Lazarett lebend angetroffen.

Vitrine 6 enthält mehrere Briefe Bismarcks an seine Familie, historisch besonders interessant ist der Brief vom 3. September 1870 (Faksimile). Bismarck schrieb ihn zwei Tage nach dem Sieg von Sedan vom königlichen Hauptquartier in Vendresse aus an seine Gemahlin Johanna. Der Brief wurde durch Spionage von den Franzosen abgefangen und am 6. August 1872 im „Figaro" veröffentlicht.
Bismarck beschrieb darin sein erstes Zusammentreffen mit Napoleon III. nach der Kapitulation auf der Landstraße vor Sedan. In einem Weberhäuschen bei Donchery wurden dann die Vorverhandlungen über den Frieden geführt.
Jener Stuhl, auf dem Kaiser Napoleon III. damals Platz nahm, steht in der Mitte des Raumes, beurkundet mit einem Schreiben der Königlich-Preußischen Kommandantur in Sedan.

Rechts: Bismarck bei Kaiser Wilhelm I. im historischen Eckzimmer des Palais' „Unter den Linden", Berlin, Aquarell von Konrad Siemenroth, datiert: 1887.

Raum 3

Huldigungsadressen und Ehrenbürgerbriefe in den Vitrinen 8–11.

Vitrine 8: Glückwunschadresse der Deutschen in Odessa zu Bismarcks 80. Geburtstag. Die Auslandsdeutschen organisierten sich überall in Vereinen zur gegenseitigen Unterstützung und Pflege ihrer Kultur. Sie ließen die Kontakte zur Heimat nicht abbrechen und nahmen regen Anteil an deren politischer Entwicklung. So erreichten Bismarck auch viele Adressen und Huldigungen von den Deutschen im Ausland.
Der Ehrenbürgerbrief der Stadt Hanau in einem Holzkasten mit eingelassener Bronze-Plakette und Goldschmiedearbeiten ist ein handwerkliches Meisterstück: Karneole schmücken die Ecken der Kassette, ein Kranz von Goldfiligranrosetten und Lapislazuli ziert die Deckplatte. Darüber hinaus findet man elfenbeingeschnitzte Gemmen und Emailleschilde.

Vitrine 9: Ehrenbürgerbrief der Stadt Elberfeld zum 80. Geburtstag am 1. April 1895. Ehrenbürgerbrief der Stadt Hamburg, überreicht am 15. Dezember 1871. Die Kassette ist mit kunstvollen Holz-Intarsien und Elfenbeinschnitzereien versehen. Die Ecken schmücken große in Silber gefaßte Amethyste.

Vitrine 10: Ehrenbürgerbrief der Stadt München, dreiteilig in Silber mit Elfenbeinschnitzereien, überreicht zu Bismarcks 80. Geburtstag.
Glückwunschadresse der Stadt München, Metall-Tafel mit Inschrift, verziert mit Gold- und Silberornamenten und Türkisen, überbracht zum 70. Geburtstag.
Glückwunschadresse der Deutschen und deutschen Schutzgenossen Konstantinopels zum 80. Geburtstag des Fürsten Bismarck.
Rechts: Ehrenbürgerbrief der Stadt Berlin, ausgestellt am 27. März 1871. Die Urkunde ist ein Aquarell von Adolph von Menzel (1815–1905). Zur akademischen Kunstausstellung 1873 wurde sie nach Berlin ausgeliehen, ein Dankbrief Menzels liegt in Vitrine 11.

Raum 4 – Großer Saal

Links an der Wand: Bildnis des Großherzogs Friedrich Franz III. von Mecklenburg-Schwerin (1851–1897). Gemälde von Conrad Freyberg, 1890.

Kaiserproklamation zu Versailles,
Gemälde von Anton von Werner

Abb. 9: Ehrenbürgerbrief der Stadt Hanau, April 1876

Vitrine 12: Konzeptseiten zu „Gedanken und Erinnerungen" (nach Diktat) mit eigenhändiger Korrektur des Fürsten Bismarck. Er begann diese Arbeit im Herbst 1890 in Friedrichsruh und führte sie teilweise auch in Varzin (Pommern) weiter. Lothar Bucher, zunächst Rat im Auswärtigen Amt, dann Sekretär des Fürsten, unterstützte ihn dabei. Sein Verdienst war es, Bismarck zum kontinuierlichen Berichten anzuregen. Nach Buchers Tod im Oktober 1892 arbeitete Bismarck nur noch sporadisch bis 1898 an dem Werk weiter. Die erste Ausgabe der „Gedanken und Erinnerungen" bereitete Horst Kohl nach dem Ableben des Fürsten vor.

Wandmitte: Porträt der Königin Victoria von England (1819–1901), Kopie von H. Macheath-Raeburn nach dem Gemälde von Heinrich von Angeli, 1889. Im Jahre 1888 stattete Königin Victoria ihrem kranken Schwiegersohn, Kaiser Friedrich III., einen Besuch in Berlin ab, bei dem es auch zu einem Treffen mit dem Fürsten Bismarck kam. Ein Jahr später erhielt der Kanzler zur Erinnerung daran das Bild als persönliches Geschenk der Königin.

Darunter: Amboß mit verzierten Werkzeugen, von Hans Friedel, Feller und Bogus, Geschenk der Bergischen Schmiede von Remscheid zum 80. Geburtstag des Fürsten Bismarck am 1. April 1895.

Abb. 10: Amboß mit verzierten Werkzeugen

Vitrine 13: Fotografien des Prinzen Wilhelm von Preußen, des späteren Kaisers Wilhelm II., aus den Jahren 1881 und 1884,
Foto des Prinzenpaares Wilhelm von Preußen mit den ältesten Söhnen, zum 1. April 1885,
Foto Kaiser Wilhelms II. in Admiralsuniform, um 1889,
Doppelbildnis des Prinzen Wilhelm von Preußen und des Kronprinzen Rudolf von Österreich.

Vitrine 14: Briefe von Mitgliedern des Preußischen Königshauses, Verkehrszettel des erkrankten Kaisers Friedrich III., der sich seiner Umgebung aufgrund eines Kehlkopfleidens nur noch schriftlich mitteilen konnte.
Artikel des „Deutschen Tageblattes" vom 13. Februar 1888 mit Randbemerkungen des Fürsten Bismarck.
Der Artikel behandelt den Konflikt zwischen der sogenannten „Kriegspartei" und dem Kanzler. Trotz Abschluß des Rückversicherungsvertrages mit Rußland im Jahre 1887 wurden die deutschrussischen Beziehungen durch antideutsche Parolen in der russischen Presse gestört, während sich die Anzeichen für eine Annäherung Rußlands an Frankreich mehrten. Generalfeldmarschall Moltke und Generalquartiermeister Waldersee befürworteten in dieser Situation einen Präventivkrieg gegen Rußland, den Fürst Bismarck jedoch strikt ablehnte.

Mitte: „Kaiserproklamation", Gemälde von Anton von Werner (1843–1915). Siehe Farbtafel nach S. 12.
Im Spiegelsaal des Schlosses zu Versailles wurde am 18. Januar 1871 König Wilhelm I. von Preußen zum Deutschen Kaiser ausgerufen, nachdem es Bismarck gelungen war, die deutschen Staaten in einem neuen Deutschen Reich zu vereinen. Das Bild zeigt Kaiser Wilhelm I. umgeben von den deutschen Bundesfürsten, an seiner rechten Seite der Kronprinz, der spätere Kaiser Friedrich III., zur Linken der Großherzog von Baden, der das „Hoch" auf Kaiser Wilhelm ausbrachte. Vor dem Podium steht Bismarck bei der Verlesung des Proklamationstextes, links von ihm der damalige Chef des Generalstabes, Graf Moltke, etwas weiter rechts der Kriegsminister, Graf Roon, hinter und neben ihm die deutschen Heerführer. Um den Kanzler besonders herauszuheben, wurde er auf Wunsch des Kaisers in weißer Kürassier-Uniform gemalt und in den Vordergrund des Bildes gestellt.
Das Gemälde war ein Geschenk der Kaiserlichen Familie zu Bismarcks 70. Geburtstag am 1. April 1885. Namen und Wappen

ihrer Mitglieder sind im Rahmen angebracht. Die Kaiserproklamation von Versailles ist bis heute im Bewußtsein der Deutschen der eigentliche Reichsgründungsakt geblieben. Zweifellos sah die Mehrheit des deutschen Volkes damals in diesem Staatsakt die Erfüllung der nationalen Wünsche.
Beiderseits der „Kaiserproklamation": Fürst Bismarck, Bronzebüste von Reinhold Begas (1831–1911), datiert 1886.
König Wilhelm I., Marmorbüste von K. Ph. F. Keil, Ems 1869.
Die Büste entstand in Bad Ems, wo sich der König häufig zur Kur aufhielt.

Vitrine 15: Verschiedene Briefe Kaiser Wilhelms I., ein vergoldeter Lorbeerzweig, Geschenk der Kaiserin Augusta, zum 50jährigen Militärjubiläum am 25. März 1888 übersandt. Zur Ableistung seiner einjährigen Dienstpflicht war Bismarck 1838 bei den Potsdamer Garde-Jägern eingetreten.
Darüber: Kaiser Wilhelm I., Gemälde eines Unbekannten.
Rechts: Büste des Feldmarschalls Graf Moltke (1800–1891), Bronze

Rechts der Treppe: Friedrich Wilhelm IV. (1795–1861), Lithographie von C.F.G. Loeillot de Mars, Berlin um 1840.
Darunter: Prinzregent Luitpold von Bayern (1821–1912), Marmorbüste von Wilhelm von Rühmann, bezeichnet: 1889; Geschenk des Prinzregenten.
Prinz Luitpold übernahm 1886 für den entmündigten König Ludwig II. die Regentschaft und nach dessen Tod im gleichen Jahr auch die für den erkrankten König Otto I.

Linke Wandseite: König Albert von Sachsen (1828–1902), Pastell von F. von Lenbach um 1895.

Das lebensgroße Bildnis Kaiser Wilhelms II., eine Kopie von C. Philipp nach dem Gemälde von Heinrich von Angeli, wurde bereits in Zusammenhang mit Bismarcks Entlassungsurkunde (Raum 1) erwähnt. Es ist ein Geschenk des Kaisers zum 75. Geburtstag des Fürsten.

Rechts: Modell des Niederwald-Denkmals aus Bronze, ein Geschenk Kaiser Wilhelms I., Maßstab ca. 1:30. Das Denkmal steht oberhalb von Rüdesheim am Rhein. Es besteht aus einem 10,5 m hohen Bronzestandbild der Germania auf 25 m hohem reliefgeschmücktem Sockel und wurde in den Jahren 1877 bis 1883 von J. Schilling errichtet. Die Inschrift auf dem Sockel lautet:

Abb. 11: Modell des Niederwald-Denkmals

„Zum Andenken an die einmuethige siegreiche Erhebung des deutschen Volkes und an die Wiederaufrichtung des deutschen Reiches 1870–71."

Vitrine 16 und 17: Briefe Bismarcks und anderer Persönlichkeiten. Dabei ein Brief Kaiser Franz Josephs von Österreich an den Fürsten Bismarck vom 22. März 1890. Inhalt: Bedauern über die

Verabschiedung Bismarcks und Hinweis auf die vertrauensvolle Zusammenarbeit beider Persönlichkeiten.
Handschriftliche Briefe Bismarcks an König Wilhelm von Preußen, später Kaiser Wilhelm I., von denen besonders der Brief vom 11. August 1877 eine nähere Betrachtung lohnt.
Aus konservatorischen Gründen sind größtenteils Foto-Drucke der Originale ausgestellt.

Rechts: Bronzestatue des „Großen Kurfürsten" Friedrich Wilhelm (1620–1688). Er regierte seit 1640, war der Schöpfer des preußischen Heeres und nach dem habsburgischen Kaiser einer der mächtigsten deutschen Fürsten seiner Zeit.

Längswand: Kaiser Franz Joseph I. (1830–1916), Gemälde von Sig l'Allemand, datiert 1884, ein Geschenk des Kaisers an den Fürsten Bismarck.

Rechts: König Humbert von Italien (1844–1900), Gemälde von Estelli, datiert 1889, ein Geschenk des Königs an den Fürsten Bismarck.

Das Geschütz in der Mitte des Raumes ist eine französische Mitrailleuse, benannt: „Le General Malus". Diese mehrläufige Maschinenwaffe wurde von de Reffeye entwickelt und 1867 in die französischen Armee eingeführt, jedoch 1871 schon wieder aufgegeben. Das Geschütz bot ein zu großes Ziel für die Artillerie und hatte nur die Wirkung eines vervielfachten Gewehrschusses mit eng zusammengefaßter Geschoßgarbe und geringer Schußweite. Im Dezember 1872 erhielt Bismarck die Mitrailleuse von Kaiser Wilhelm I. zum Geschenk.

Raum 5

Links: Geschnitzter Elefantenzahn, Geschenk der Kaiserin von China zum 70. Geburtstag des Fürsten Bismarck am 1. April 1885. In kunstvollen Schnitzereien sind Szenen aus dem täglichen Leben in China in den über einen Meter langen Stoßzahn eingearbeitet. Gleiche Bewunderung verdient der geschnitzte Ebenholzsockel, mit einer Flußlandschaft, Fischen, Brücken und Stegen. Der farbliche Kontrast des Elfenbeins zum Ebenholz gibt dem Ganzen eine

Abb. 12: Elfenbeinschnitzerei, Detail

faszinierende Wirkung. Vielfältigkeit und plastische Präzision lassen darauf schließen, daß es sich um die Lebensarbeit eines bedeutenden Künstlers handelt.

Vitrine 18: Die Kinder des Fürsten Bismarck, Frankfurt 1856. Zeichnung von Prof. Becker; von links: Wilhelm, Marie und Herbert von Bismarck.

Abb. 13: Die Kinder des Fürsten Bismarck:
Wilhelm, Marie, Herbert; Zeichnung von Jakob Becker, 1856

Das mittlere Bild ist die Kopie eines Bismarck-Porträts von F. von Lenbach.
Daneben: Erinnerungsblatt an den 70. Geburtstag und an das 50jährige Amtsjubiläum Bismarcks im Jahre 1885 mit Bildern der Familie. 1835 hatte der Fürst sein juristisches Referendar-Examen an der Universität Berlin abgelegt und trat in den Staatsdienst zunächst in Aachen, später in Potsdam ein.

In der anschließenden Galerie sind Gemälde Franz von Lenbachs zu sehen, die Fürst Bismarck in den Jahren 1880, 1889 (siehe Titelbild) und 1895 darstellen; außerdem vom gleichen Maler ein Porträt seines Sohnes Herbert (1849–1904), bezeichnet: 1894. Herbert von Bismarck, ältester Sohn des Kanzlers, war seit 1874 im auswärtigen Dienst tätig. Als Sekretär seines Vaters wurde er immer mehr zur außenpolitischen Mitarbeit und zu diplomatischen Sondermissionen herangezogen. 1886 erhielt er seine Ernennung zum Staatssekretär im Auswärtigen Amt und schied 1890 gemeinsam mit seinem Vater aus dem Staatsdienst aus.

Durchblick von Raum 1 zum großen Saal

Arbeitszimmer aus dem alten Schloß Friedrichsruh

Weitere Bilder zeigen: Bismarck vor Paris, Gemälde von
W. Camphausen (1818–1885), bezeichnet: 1873.
Bismarck in Diplomaten-Uniform, Öldruck um 1865.
Herbert von Bismarck, Gemälde von Max Koner, Berlin
(1854–1900), bezeichnet: 1898.

Abb. 14: Herbert von Bismarck,
Gemälde von Franz von Lenbach, 1894

Otto von Bismarck (1897–1975), Gemälde von Peter Hirsch, München, um 1930. Fürst Otto von Bismarck, Enkel des Reichskanzlers, war Diplomat in Stockholm und London, Gesandter an der deutschen Botschaft in Rom und von 1952–1964 Bundestagsabgeordneter in Bonn. Er verstarb am 24. Dezember 1975 in Friedrichsruh.

Raum 6

Vitrine 19: Silber-Becher, die dem Fürsten Bismarck zu den verschiedensten Anlässen überbracht wurden.

Wandmitte: Friedrich Karl August Graf zur Lippe (1706–1781), Gemälde von Johann Anton Tischbein (1720–1784). Graf zur Lippe ist der Namensgeber von Friedrichsruh. Wegen des reichen Wildbestandes pachtete er 1763 die Jagd im Sachsenwald, nahm seinen Wohnsitz in Aumühle, wo er die alte Försterei zum Jagdschloß „Friedrichsruh" umbauen ließ. Nach seinem Tode wechselte es mehrmals den Besitzer und wurde 1859 abgebrochen. Friedrichsruh, das den Namen des Jagdschlosses noch heute trägt, ist ein Ortsteil der Gemeinde Aumühle.

Vitrine 20: Verschiedene Geschenke, dabei eine vergoldete Bronzebüste König Ludwigs II. von Bayern (1845–1886), auf einem Marmorsockel, Geschenk der Firma H. Gladenbeck & Sohn, Friedrichshagen.
Hervorzuheben ist die verkleinerte Nachbildung eines Helms aus dem Deutsch-Französischen Krieg, den der Regimentsführer des Magdeburger Kürassier-Regiments Nr. 7, Oberstleutnant Graf von Schmettow, bei dem Angriff auf Vionville am 16. August 1870 getragen hat. Dabei wurde der Helm des Grafen von zwei Kugeln durchbohrt, was in zeitgenössischen Kriegsberichten ausdrücklich erwähnt wird. Die Nachbildung ist ein Geschenk des Grafen von Schmettow an den Fürsten Bismarck.

Vitrine 21: Zeichnungen aus der Mappe „Fürst Bismarck in Friedrichsruh" von C.W. Allers (1857–1915). Einige Skizzen zeigen Bismarck als Hausvater. Sie veranschaulichen Anhänglichkeit an Kinder und Enkel und seinen Sinn für alles Familiäre. Die Familie, die er oft und gern um sich hatte, war der ruhende Pol seines Lebens.

Rechts: „Der Hut- und Stockständer des Fürsten" nennt der Maler Allers eine Zeichnung, auf der er die verschiedensten Kopfbedeckungen Bismarcks festgehalten hat. Einige davon sind im Original im Museum zu sehen. Der Stockständer selbst steht neben der Vitrine. Es ist die Abwurfstange eines Urhirsches aus der Eiszeit, ausgegraben im Kasseburger Moor im Sachsenwald und hat über der Rose einen Umfang von 35 cm.

Zwischenwand: Urkunde über die Verleihung des „Goldenen Vliesses" durch König Alfons XII. von Spanien an den Fürsten Bismarck im Jahre 1875. König Alfons XII. (1857–1885), der seit 1874 regierte, war stets um gute Beziehungen zum Deutschen Reich bemüht, um die Stellung Spaniens gegenüber Frankreich zu festigen.

Rechts vom Durchgang: Fürst Bismarck und die Fürstin Johanna mit ihren Söhnen, Bleistiftskizzen von F. von Lenbach, bezeichnet: 1890.

Vitrine 22: Ausgelegt sind Plaketten und Medaillen, die aus den verschiedensten Anlässen zu Bismarcks Lebzeiten, aber auch noch nach seinem Tode geprägt wurden. Bemerkenswert ist, daß die Mehrzahl der Medaillen nach der Entlassung des Kanzlers entstand.

Raum 7

Zwischenwand: Bismarck in der Uniform der Magdeburger Kürassiere, Zeichnung von C.W. Allers von 1892.

Vitrine 23: Medaillen-Sammlung in Silber und Gold, „Bismarck – Gründer des Deutschen Reiches", geprägt anläßlich des 50jährigen Bestehens des Bismarck-Museums im Jahre 1977.

Vitrine 24: Deckelvasen im Rokokostil, hergestellt in der Königlich-sächsischen Porzellan-Manufaktur Meißen. Geschenk von Dresdener Verehrerinnen zum 80. Geburtstag des Fürsten Bismarck am 1. April 1895.

Vitrine 25: Gratulationsmappe des „Vereins Deutscher Ingenieure" zum 80. Geburtstag des Fürsten Bismarck.

Wandseite: „Jäger mit Gewehr in Ruh", Bronzefigur auf Marmorsockel. Geschenk des Garde-Jäger-Bataillons zum 80. Geburtstag des Fürsten Bismarck.

Fürst Bismarck in der Uniform der Magdeburger Kürassiere, Kreideskizze von Franz von Lenbach, 1880.

Vitrine 26 und 27: „Bismarck und die Öffentlichkeit", Zeichnungen aus der Mappe „Fürst Bismarck in Friedrichsruh" von C.W. Allers.
Liebe zum Detail sowie Humor in den verschiedensten Situationen kennzeichnen diese Arbeiten des Malers Allers. Sie sind aber auch ein lebendiger Beweis dafür, daß sich die Verehrung des Fürsten Bismarck zu einer wahren Volksbewegung ausweitete, ganz besonders nach seiner Entlassung aus dem Staatsdienst im Jahre 1890. An Sonntagen wurde Friedrichsruh als Ausflugsziel „umlagert". Zu Geburtstagen, Jubiläen oder sonstigen Anlässen trafen Abordnungen von Verbänden und Organisationen aus dem In- und Ausland, teilweise mit Sonderzügen in Friedrichsruh ein.
Eine sichtbare Resonanz der Wirkung Bismarcks auf viele Schichten der Bevölkerung ist die Fülle von Geschenken und Ehrungen, die ihn vor allem zum 80. Geburtstag überflutete. Nach zeitgenössischen Berichten hätten die Präsente, die allein zu diesem Tag ankamen, 35 Eisenbahn-Waggons gefüllt.

Abb. 15: Durchblick Raum 6 und 7

Abb. 16: Meißener Deckelvasen

Vitrine 28: Erinnerungsstücke und -schriften aus der Stadt „Bismarck", Hauptstadt von North Dakota, USA. Zu Ehren des deutschen Reichskanzlers wurde diese Stadt nach ihm benannt. Dies geschah auch in der Hoffnung auf deutsche Investitionen für die neue Nord-Pazifik-Eisenbahn. Einblick in die Geschichte und Entwicklung der Stadt gibt der Auszug aus der „Encyclopedia Britannica".

Vitrine 29: Fotografien vom alten Schloß in Friedrichsruh sowie Aufnahmen von Schlafzimmer und Arbeitszimmer des Fürsten. Bilder vom Stammgut Schönhausen, der Geburtsstätte des Kanzlers, und von seinen Aufenthalten in Bad Kissingen. Eindrucksvoll sind die Bilder von Besuchen und Empfängen vor dem Friedrichsruher Schloß.

Abb. 17: Das alte Schloß Friedrichsruh

Abb. 18: Huldigung der Studenten am 80. Geburtstag, 1895

Abb. 19: Kaiser und Kanzler vor dem alten Schloß, 1888

Vitrine 30: Wertvolle Kristallgläser und Pokale, mit Inschriften, Wappen und Ornamenten verziert, wurden dem Kanzler in großer Zahl von Privatpersonen übersandt. Bemerkenswert ist die große Deckelvase aus der Porzellan-Manufaktur Berlin, mit einem Bildnis der Fürstin Johanna von Bismarck, gemalt von E. Striemer. Die Vase war das Geschenk der Berliner Gasthofbesitzer zum 80. Geburtstag des Fürsten.
Unterer Teil der Vitrine: Außer Gläsern und Pokalen je ein Teller der Porzellan-Manufakturen Straßburg und Wien, mit Malereien und Wappen verziert.
Ein Geschenk der Deutschen in Australien ist der Briefbeschwerer aus Achat, der die Inschrift trägt: „Wir Deutsche fürchten Gott, aber sonst nichts in der Welt." Dies ist ein oft, aber fast immer unvollständig zitierter Ausspruch Bismarcks aus der Reichstagsrede vom 6. Februar 1888 bezüglich der drohenden Haltung Rußlands gegenüber Deutschland. Doch nur in der Vollständigkeit ist der eigentliche Sinn des Zitates zu erkennen: „Wir Deutsche fürchten Gott, aber sonst nichts in der Welt; und die Gottesfurcht ist es schon, die uns den Frieden lieben und pflegen läßt."

Wandmitte: „Stammbaum des Fürstlichen Hauses Bismarck-Schönhausen und des Gräflichen Hauses Bismarck-Bohlen seit dem Jahre 1528, ohne Seitenlinien."

Vitrine 31: Zwei gleichartige Vasen und eine Schale, preußische Fayencen aus der Berliner Porzellan-Manufaktur, mit Malereien und Figuren versehen, eine Porzellanbüste und wappengeschmückte Römer sind im oberen Teil zu finden. Unten: Neben anderen Präsenten ein Tafelaufsatz aus der Porzellan-Manufaktur Meißen, Geschenk von Frau A. Schön, Hamburg (s. Farbtaf. n. S. 36). Die Vergoldung und Malerei in lichten Farben sowie die plastische Ausführung der Porzellanblumen sind meisterhaft.

Wandseite: Fotografie der Kreuzer-Fregatte „Bismarck". Dieses Schiff wurde 1877 in Form einer gedeckten Korvette bei der Norddeutschen Schiffbau AG in Kiel gebaut und im Auslandsdienst zum Schutz der deutschen Kolonien in West- und Ostafrika und Samoa eingesetzt. 1891 wurde es aus der Flottenliste gestrichen und später abgewrackt.

Raum-Mitte: Modell S.M. Panzerkreuzer „Fürst Bismarck", angefertigt von der Schiff- und Maschinenbau AG „Germania", Kiel. Das Modell wurde dem Fürsten am 25. September 1897, dem Tag des Stapellaufs, als Geschenk der Werft übergeben.

Der Panzerkreuzer gehörte zum Ostasiengeschwader und wurde während des Boxeraufstandes 1900 als Flaggschiff eingesetzt, 1912 zum Torpedoschiff umgebaut, 1914 als Küstenschutz verwendet und 1916 der Station Ostsee als Exerzier- und Maschinenschulschiff zugeteilt. 1919, nach Abschluß des Versailler-Vertrages und

Abb. 20: „Flottenmanöver", Zeichnung Wilhelms von Preußen

Festlegung der Reduzierung der deutschen Seestreitkräfte auf 15 000 Mann, wurde es an das Reichsschatzministerium übergeben und abgewrackt.

Längswand: Fotografie des Schlachtschiffes „Bismarck", Kupfertiefdruck von Gustav Petermann; dem Enkel des Kanzlers, Fürst Otto von Bismarck (1897–1975), von den Überlebenden der Besatzung gewidmet. Die „Bismarck" lief 1939 bei Blohm und Voß in Hamburg vom Stapel. Nach der Versenkung des britischen Schlachtschiffes „Hood" wurde sie im Nordatlantik zum Gefecht gestellt und sank am 27. Mai 1941 ca. 400 Seemeilen vor Irland.

Wandmitte: Bild des Schnelldampfers „Fürst Bismarck", Hamburg. Der Doppelschraubendampfer der Hapag (8430 Brt.) wurde 1890 auf der Vulcan-Werft in Stettin fertiggestellt und erwarb 1892 das „Blaue Band" für die schnellste Atlantik-Überquerung. Nach Wechsel an verschiedene Eigner wurde er 1924 in Italien abgewrackt.

Daneben: „Flottenmanöver", aquarellierte Zeichnung des Prinzen Wilhelm von Preußen (des späteren Kaisers Wilhelm II.) mit persönlicher Widmung.

Darunter: Silberteller, Geschenk Kölner Bürger zum 73. Geburtstag des Fürsten am 1. April 1888.

Abb. 21: Modell des Panzerkreuzers „Fürst Bismarck"

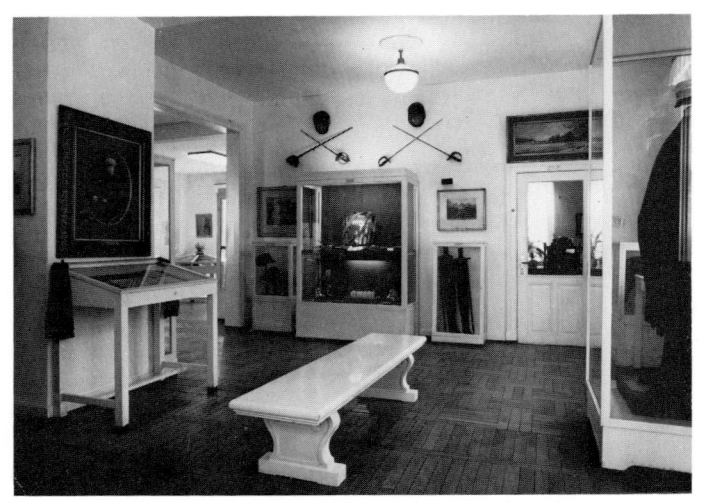

Abb. 22: Vitrinen mit persönlichen Gegenständen, Raum 8

Raum 8

Dieser Raum zeigt familiengeschichtliche Briefe und Dokumente, dazu Bilder von den Besitzungen Schönhausen, Varzin und Friedrichsruh.

Links: „Kirche in Schönhausen", Aquarell um 1865. Diese Kirche ist die prachtvollste und größte Dorfkirche der dortigen Gegend. In der Krypta befinden sich die Särge der Vorfahren des Fürsten Bismarck.

Vitrine 32: Bismarcks Schlapphüte und Reitmütze, getragen um 1890, wie sie von zahlreichen Bildern bekannt sind.

Vitrine 33: Doppelküraß und Ehrenpallasch, versilbert, Geschenk Kaiser Wilhelms II. zum 80. Geburtstag des Fürsten am 1. April 1895.

Der Küraß ist ein Brustpanzer der schweren Kavallerie und gehörte in versilberter Ausführung bis 1914 zur Gala-Uniform der Kürassiere. Bismarck hat ihn allerdings nur einmal angelegt und meinte dazu: „Er zwickt und zwackt mich nur!" Zur Ausrüstung gehörte auch der Pallasch, ein als Hieb- und Stichwaffe geeigneter schwerer Degen mit einem Korb am Griff.
Ein zweiter versilberter Pallasch aus Solingen, angefertigt in der Waffenfabrik Weyersberg, Kirschbaum & Cie, war ein Geschenk der Stadt zum 80. Geburtstag ihres Ehrenbürgers.

Darunter: Die Bedeutung Bismarcks über die Grenzen Europas hinaus bezeugen Geschenke, die König Chualalongkorn von Siam in Begleitung zweier Prinzen am 2. September 1897 nach Friedrichsruh überbrachte. Kunstvoll gearbeitet sind die Räuchergefäße aus Messing ebenso wie die Darstellungen siamesischer Krieger als Träger von je einem Bronze-Horn.

Mitte: Schachspiel, Brett mit Schnitzarbeit, Figuren aus Elfenbein; Geschenk des Herrn Schönlank, Berlin. Die Figuren stellen mohammedanische Fürsten, Würdenträger, Krieger und Elefantenreiter dar.

Abb. 23: Gut Schönhausen, Aquarell von Müller, 1863

Über der Vitrine: Bismarcks Fechtausrüstung. Sie wurde von ihm während der Göttinger Studentenzeit als Angehöriger des Corps Hannovera von 1832–1833 benutzt.

Wandseite: „Schönhausen", Aquarell aus dem Jahre 1863. Schönhausen in der Altmark ist der Stammsitz der Familie, wo Otto von Bismarck am 1. April 1815 geboren wurde. Urkundlich erscheint der Name erstmals im 13. Jahrhundert: Um 1270 lebte Herr Bord von Bismarck zu Stendal als Aldermann der Gewandschneider-Gilde. Er ist der Stammvater aller heute lebenden Glieder der Familie. Am 16. Juni 1345 wurde den Bismarcks das Schloß Burgstall bei Tangermünde vom Markgrafen von Brandenburg zu Lehen gegeben, das Markgraf Joachim II. am 16. Dezember 1562 dann jedoch selbst wieder übernahm, während er den Bismarcks als neuen Besitz Schönhausen an der Elbe übereignete. 1945 ging das Stammgut Schönhausen verloren, mit dem gesamten Bestand des dortigen großen Museums.

Vitrine 34: Bismarcks Stulpenstiefel, getragen um 1890, und zwei Handstöcke weisen eindrucksvoll auf seine Körpergröße von zwei Meter hin.

Abb. 24: Schachspiel, Schnitzarbeit aus Elfenbein

Abb. 25: Stammhaus zu Schönhausen, Korkschnitt

Rechts: „Varzin – Hofseite", Aquarell von Arthur Memmlt, datiert 1894. Die Herrschaft Varzin in Hinterpommern wurde 1867 von Bismarck käuflich erworben, da er seit seiner Kindheit durch das Familiengut Kniephof mit der pommerschen Landschaft besonders verbunden war. Fast regelmäßig verbrachte er den Sommerurlaub in Varzin und leitete oftmals auch von dort aus die Staatsgeschäfte.

Rechte Seite: „Varzin – Gartenseite", Aquarell vom Juli 1873.

Vitrine 35: Briefe und Fotografien der Familie des Fürsten Bismarck.

Abb. 26: Gut Varzin, Hofseite, Aquarell von Memmlt, 1894

Vitrine 36: Überrock der Kürassier-Uniform der Magdeburger Kürassiere, von Fürst Bismarck gelegentlich im Reichstag getragen.

Vitrine 37: Medaillen, Glückwunschplaketten, Abzeichen und kleinere Geschenke, die dem Fürsten zu Geburtstagen oder anderen Anlässen überreicht wurden.

Vitrine 38: Nummer 43 der „Königlich privilegierten Berlinischen Zeitung" vom 11. April 1815 mit der Geburtsanzeige Otto von Bismarcks.
Abdruck der Rede Friedrich Schleiermachers zu Bismarcks Konfirmation am 31. März 1831 in Berlin.
Brautwerbungsbrief Bismarcks an Herrn von Puttkamer vom Dezember 1846, einer der schönsten und persönlichsten Briefe aus der Vielzahl seiner schriftlichen Aussagen.

Wandseite: Georg Friedrich von Bismarck (1697–1767), Bruder des Urgroßvaters des Fürsten Bismarck, Kupferstich von C.B. Glasbach. Geschenk Kaiser Wilhelms II. zum 1. April 1889.

Darunter: Truhe mit gepunztem Lederbezug, sie enthält Fotografien vom Reichstagsgebäude, von den Residenzschlössern der regierenden Fürsten und von den Rathäusern der Freien Städte. Vom Verband deutscher Architekten- und Ingenieur-Vereine wurde sie dem Fürsten Bismarck zum 80. Geburtstag geschenkt.

Rechts: Schreibtisch des Fürsten Bismarck aus der Reichskanzlei in Berlin, benutzt von 1878–1890. Die Lehne des Schreibtischstuhles zeigt in Leder gearbeitet das fürstliche Wappen.
Mitte: „Athene", Göttin der Wehrhaftigkeit und der Weisheit, Bronzefigur auf Marmorsockel. Geschenk der „Allgemeinen deutschen Kunst-Genossenschaft" zu Bismarcks 80. Geburtstag. Der Abordnung, die dem Fürsten am 17. April 1895 die Statuette in

Abb. 27: Schreibtischstuhl, Rückenlehne mit Fürstenwappen

Friedrichsruh überbrachte, rief er zu: „Wir können nach unseren Bildungsverhältnissen gar nicht auseinanderfallen; nach unserer ganzen Geschichte, unserer Dichtkunst, nach unserer Kunst überhaupt, wird sich der Deutsche immer wieder zum Deutschen finden!"
Glückwunschadresse des Koesener S.C. Verbandes für den Fürsten Bismarck zum 80. Geburtstag.
Mappe aus gepunztem Leder mit Silberbeschlägen, eingearbeiteten Verbindungswappen und Reichsadler.
Im Inneren befindet sich auf Pergament ein Aquarell mit dem Glückwunschtext.

Rechts: Truhe mit gepunztem Lederbezug mit Fotografien der „Sehenswürdigkeiten Westfalens".

Wandseite: Bild der Fürstin Johanna von Bismarck (1824–1894) sowie Bilder der Grafen Herbert und Wilhelm von Bismarck aus der Zeit um 1875, Geschenk des Fotografen Ad. Ludwig Stendal zum 80. Geburtstag des Fürsten.
Daneben: Fürst Herbert von Bismarck, Bronzebüste um 1905, von W. Wandschneider, geb. 1866 in Plau/Mecklenburg.

Vitrine 39: Persönliche Dinge und Gebrauchsgegenstände des Fürsten Bismarck.
Brille und lange Pfeifen, die er besonders in den letzten Lebensjahren benutzte; Bildnisse der Fürstin Johanna von Bismarck und der Frau von Arnim, der Schwester des Fürsten; Couleurband des Corps Hannovera aus der Göttinger Studentenzeit; russischer Dolch, den er als Gesandter in Petersburg geschenkt bekam.
Von den vielen Auszeichnungen, die Bismarck im Laufe seines Lebens erhielt, war ihm die Lebensrettungs-Medaille am wertvollsten: Am 24. Juni 1842 rettete er unter Lebensgefahr für sich selbst seinen Reitburschen aus dem Wandelsee bei Lippehne. Die Medaille befindet sich im Sarkophag des Fürsten, das dazugehörige gelb-weiße Band ist in der Vitrine aufbewahrt.
An das Attentat des Ferdinand Cohen-Blind am 7. Mai 1866 erinnert die Pistole des Attentäters wie auch das Unterhemd, das Bismarck an diesem Tage trug. Die Stopfstellen zeigen die Spuren der fünf Geschosse, die aus nächster Nähe abgefeuert wurden, jedoch nur Prellungen verursachten. Gräfin Johanna von Bismarck bewahrte das Hemd in dem dabeiliegenden Umschlag auf, mit dem Vermerk: „Bismarck im Mai 1866 getragen, zur Erinnerung an

Silberner Ehrenschild, Geschenk vom Bund der Landwirte

Tafelaufsatz, Porzellan-Manufaktur Meißen

Gottes gnädige Errettung." Das Attentat geschah in Berlin „Unter den Linden", der Täter wurde von Bismarck selbst festgehalten und der Polizei übergeben.
Ein zweites Attentat wurde am 13. Juli 1874 in Bad Kissingen auf den Fürsten verübt. Der Böttchergeselle Kullmann verletzte Bismarck, der gerade grüßend seinen Hut zog, an der Hand. Die dabei von Bismarck getragenen Handschuhe sowie die Pistole des Täters sind mit ausgelegt.

Vitrine 40: Gästebuch von Friedrichsruh mit Eintragungen vom 8. Mai 1895 bis 8. August 1898. Aufgeschlagen ist die Eintragung des chinesischen Vizekönigs Li Hung Chang (1821–1901), mit englischer Übersetzung. Er besuchte den Fürsten Bismarck während seiner Rundreise durch Europa am 25. Juni 1896 in Friedrichsruh.
Die Losungs-Bücher der Brüdergemeine bekam Bismarck erstmals zum 24. Dezember 1863 und in der Folge dann immer zu Weihnachten von Hans Hugo Kleist-Retzow geschenkt, der Mitglied der pietistischen Brüdergemeine war. Diesen Kalender mit Losungen und Lehrtexten benutzte Bismarck zugleich als Notizbuch, wie aus den Randbemerkungen in den ausgelegten Exemplaren zu ersehen ist.
Darüber: Bismarck in Kürassier-Uniform, aquarellierte Fotografie um 1885.

Raum 9

Arbeitszimmer des Fürsten Bismarck (s. Farbtaf. n. S. 20).
Über der Tür: „Blick auf Friedrichsruh", Gemälde von Valentin Ruths, Hamburg (1825–1905), datiert 1879.
Nach der Übernahme des Sachsenwaldes im Jahre 1871 wählte Bismarck Friedrichsruh als Wohnsitz. Er erwarb das Hotel „Frascati" und ließ es durch den Anbau eines Flügels für seine Zwecke erweitern. Am 29. April 1945 wurde das alte Schloß durch einen englischen Luftangriff zerstört. Viele Erinnerungsstücke gingen damit verloren, nur die Einrichtung des Arbeitszimmers konnte nachträglich fast vollständig gerettet und im Museum historisch getreu wieder aufgestellt werden.

Aufgabe und Zielsetzung des Bismarck-Museums ist es nicht nur, Gedächtnisstätte zu sein, sondern auch eine Brücke zu schlagen vom Gestern über das Heute in die Zukunft.
Das Wissen um die Zusammenhänge politischer, sozialer und kultureller Ereignisse, die durch Otto von Bismarck zu seiner Zeit maßgeblich geprägt wurden, kann helfen, Vergangenes zu begreifen, um Künftiges zu bewältigen.

„Die Deutschen werden ihn immer als Vater ihrer Nation verehren. Aber noch wichtiger ist, daß ihn die Nachwelt für alle Zeiten als einen der größten Staatsmänner der Menschheit anerkennen wird. Einen wie ihn wird die Welt vielleicht nie wieder erleben."
Jules Favre, Außenminister
der Republik Frankreich, 1872

Wappen der Familie von Bismarck

Abb. 28: Bismarck an seinem Schreibtisch im Jahr 1886

Gruftkapelle Friedrichsruh

Der Platz, auf dem die Gruftkapelle errichtet wurde, ist von Fürst Bismarck selbst festgelegt worden. Auf einer Anhöhe am Wald, vom gegenüberliegenden Schloß nur durch die Bahnlinie Hamburg–Berlin getrennt, wollte er, wie er einmal äußerte, „auch nach dem Tode mit dem Leben verbunden sein". Fürst Herbert von Bismarck ließ die Kapelle nach Plänen des Architekten Schorbach aus Hannover erbauen. Sie entstand im neuromanischen Stil, in Form eines Oktogons, nach dem Vorbild des Grabmals Theoderichs des Großen in Ravenna. die Beisetzung des Fürsten und seiner Gemahlin, der Fürstin Johanna, fand am 16. März 1899 in Anwesenheit Kaiser Wilhelms II. und eines großen Trauergefolges statt.

Am Marmor-Sarkophag im oberen Teil der Kapelle ist der vom Fürsten gewählte Grabspruch zu lesen:

Fürst von Bismarck
geb. 1. 4. 1815   gest. 30. 7. 1898
Ein treuer deutscher Diener Kaiser Wilhelms I.

Über dem Altarraum steht der Konfirmationsspruch des Fürsten: „Alles was ihr thut, das thut von Herzen, als dem Herrn und nicht den Menschen".

Der untere Teil der Kapelle ist die Ruhestätte des Fürsten Herbert, seiner Gemahlin, der Fürstin Marguerit, geb. Gräfin Hoyos, und ihres ältesten Sohnes, des Fürsten Otto von Bismarck (1897–1975). Die Gruftkapelle war bis zur Errichtung der Bismarck-Gedächtnis-Kirche in Aumühle (1930) zugleich Kirche der Gemeinde Aumühle. Öffentliche Gottesdienste finden auch heute noch statt.

Der Sachsenwald

Der Sachsenwald umfaßt rund 6000 Hektar Mischwald und ist das größte geschlossene Waldgebiet Schleswig-Holsteins. Er hat entsprechend hohe forstwirtschaftliche Bedeutung und gilt als „grüne Lunge" Hamburgs. Der Wald ist dank günstiger S-Bahn-Verbindungen ein beliebtes Ausflugsziel zu allen Jahreszeiten. Der heutige Besitzer des Sachsenwaldes, Fürst Ferdinand von Bismarck, ist ein Urenkel des Kanzlers.

Abb. 29: Gruftkapelle in Friedrichsruh

Zeittafel

1. April 1815	Bismarck zu Schönhausen geboren
1822 – 1827	Schulbesuch: Plamann'sche Lehranstalt zu Berlin
1827 – 1830	Friedrich-Wilhelm-Gymnasium, Berlin
1830 – 1832	Graues Kloster, Berlin
1832	Student in Göttingen, zuletzt in Berlin
1835	Juristisches Referendar-Examen in Berlin
1835 – 1838	Tätigkeit an Gerichten in Berlin und Aachen.
1838	Beendigung des Staatsdienstes; Leben als Landwirt auf Kniephof und Schönhausen; Deichhauptmann an den Elbdeichen. Zeitweiser Militärdienst als Einjährig-Freiwilliger bei den Potsdamer Garde-Jägern, anschließend bei den Greifswalder Jägern.
1847	Mitglied des Vereinigten Landtages; Vermählung mit Johanna von Puttkamer
1848	März: Kampf gegen die Revolution
1849 – 1850	Mitglied der „Zweiten Preußischen Kammer"
1850 – 1851	Mitglied des Erfurter Parlamentes
1851 – 1858	Legationsrat und preußischer Gesandter am Bundestag in Frankfurt a.M.
1859 – 1862	Gesandter Preußens in St. Petersburg
1862	Gesandter Preußens in Paris; 8. Oktober: Ernennung zum preußischen Ministerpräsidenten
1864	Preußisch-Österreichischer Krieg gegen Dänemark
1865	September: Erhebung Bismarcks in den Grafenstand
1866	Deutsch-Österreichischer Krieg
1867	Gründung des Norddeutschen Bundes; Bismarck wird Bundeskanzler
1870	Juli: Ausbruch des Deutsch-Französischen Krieges
1871	18. Januar: Kaiserproklamation im Spiegelsaal zu Versailles; Erhebung Bismarcks in den Fürstenstand; Bismarck wird Reichskanzler
1872	Drei-Kaiser-Bündnis Deutschland – Österreich – Rußland
1878	Bismarck leitet den Berliner Kongreß
1881	Beginn der Sozialgesetzgebung

1888	Drei-Kaiser-Jahr: 9. März Tod Kaiser Wilhelms I., 15. Juni Tod Kaiser Friedrichs III. und Thronbesteigung Kaiser Wilhelms II.; zunehmender Gegensatz zwischen Kaiser und Kanzler.
1889	Sozialgesetzgebung zur Alters- und Invaliditätsversicherung abgeschlossen
1890	20. März: Entlassung Bismarcks aus dem Staatsdienst
1892	Reise nach Wien zur Hochzeit des Grafen Herbert, Rundreise durch Deutschland
1894	Tod der Fürstin Johanna von Bismarck
1895	Niederschrift der „Gedanken und Erinnerungen"
30. Juli 1898	Tod Bismarcks in Friedrichsruh

Literaturauswahl

Bismarck, Otto Fürst v., Die gesammelten Werke. 15 Bde. Berlin 1924–1935 (Friedrichsruher Ausgabe)
Bismarck, Otto Fürst von, Über die Natur. Ullstein-Verlag, Frankfurt 1979
Bismarck – Denkmal für das Deutsche Volk. Faksimile-Ausgabe, Werner-Verlag, Berlin 1979
Bismark, Otto Fürst v., Gedanken und Erinnerungen. W. Goldmann Verlag, München 1981
Bismarck, Otto Fürst v., Die Kunst des Möglichen. Hrsg. Uwe Greve, Husum Verlagsgesellschaft, Husum 1981
Bismarck, Otto Fürst v., Werke in Auswahl. Jahrhundertausgabe zum 23. September 1862, hg. von Gustav Adolf Rein, Wilhelm Schüssler, Alfred Milatz, Eberhard Scheler, Rudolf Buchner 8 Bde., Stuttgart 1962 – Darmstadt 1981
Andreas, Willi (Hrsg.), Bismarck Gespräche. 3 Bde. Verlag Schibli – Doppler, Birsfelden – Basel
Gall, Lothar, Bismarck. Der weiße Revolutionär. Propyläen, Darmstadt 1981
Gonzilliers, A. de, Das Bismarck-Museum in Bild und Wort. Berlin 1899
Helbling, Hanno (Hrsg.), Otto von Bismarck – Aus seinen Schriften, Briefen, Reden und Gesprächen. Manesse Verlag, Zürich 1976
Hillgruber, Andreas, Otto von Bismarck. Musterschmidt, Göttingen 1978
Marcks, Erich, Bismarck. Eine Biographie, 1815 – 1848. Stuttgart – Berlin 1951
– Bismarck und die deutsche Revolution 1848 – 51. Hrsg. W. Andreas, Stuttgart 1939
Mommsen, Wilhelm, Otto von Bismarck. Rowohlt, Reinbek 1966
– Bismarck. Ein politisches Lebensbild. München 1959
Rothfels, Hans (Hrsg.) Bismarck – Briefe. Vandenhoek & Ruprecht, Göttingen 1955
Taylor, A.J.P., Bismarck, Mensch und Staatsmann. München 1981
Verchau, Ekkhard, Otto von Bismarck. Droemer Knaur-Verlag, München 1981
Ziegler, Peter, Bismarck in der Badewanne. Kommissionsverlag HartDruck GmbH, Volkach 1979